Petit monde vivant

Les dauphins

Bobbie Kalman

Traduction : Marie-Josée Brière

Les dauphins est la traduction de *A Dolphin's Body* de Bobbie Kalman (ISBN 0-7787-1183-8).
© 2003, Crabtree Publishing Company, 612 Welland Ave., St. Catharines, Ontario, Canada L2M 5V6

Catalogage avant publication de Bibliothèque et Archives nationales du Québec et Bibliothèque et Archives Canada

Kalman, Bobbie, 1947-

    Les dauphins

    (Petit monde vivant)
    Traduction de: A dolphin's body.
    Comprend un index.
    Pour enfants de 6 à 10 ans.

    ISBN 978-2-89579-285-7

1. Dauphins - Ouvrages pour la jeunesse. I. Titre. II. Collection: Kalman, Bobbie, 1947- . Petit monde vivant.

QL737.C432K37314 2010   j599.53   C2009-942608-0

Recherche de photos
Samantha Crabtree, Laura Hysert

Conseillère
Patricia Loesche, Ph.D., Programme de comportement animal, Département de psychologie, Université de Washington

Remerciements particuliers à Diane Sweeney et Dolphin Quest, Lindsey Potter, Marc Crabtree et Peter Crabtree

Photos
© Steve Bloom/stevebloom.com : page couverture
Photos fournies par le centre Dolphin Quest Hawaii du Kahala Mandarin Oriental Hawaii : page titre, pages 9 (à droite) et 13
Bobbie Kalman : page titre – au centre Dolphin Quest Hawaii du Hilton Waikoloa Village ; pages 9 (à gauche), 10 (en haut), 12, 14 (en haut) et 15 (en haut) – au centre Dolphin Quest Hawaii du Kahala Mandarin Oriental Hawaii
John Ford/Vancouver Aquarium Marine Science Centre : page 24
© Phillip Colla/oceanlight.com : page 16 (en haut)
Marc Crabtree : page 20
© Michael S. Nolan/wildlifeimages.net : pages 14 (en bas), 18, 28, 29 et 31 (en haut)
Tom Stack & Associates, Inc. : Jeff Foott : page 25 (en bas)
© James D. Watt/wattstock.com : pages 17, 23 (en bas), 25 (en haut) et 30 (à gauche)
Autres images : Digital Stock et Digital Vision

Illustrations
© Aloha.com/~apollo : pages 4, 19 et 26
Barbara Bedell : pages 5 (sauf béluga et baleine à bec), 8, 9, 24 et 29
© Ian Coleman/colemangallery.com : pages 21 et 22
© Jeff Wilkie/jeffwilkie.com : page 3
Tiffany Wybouw : bordures et dauphins décoratifs, y compris en quatrième de couverture, pages 5 (béluga et baleine à bec), 6-7, 12, 17, 23 et 27

Nous reconnaissons l'aide financière du gouvernement du Canada par l'entremise du Programme d'aide au développement de l'industrie de l'édition (PADIÉ) pour nos activités d'édition.

Conseil des Arts du Canada   **Canada Council for the Arts**

Bayard Canada Livres Inc. remercie le Conseil des Arts du Canada du soutien accordé à son programme d'édition dans le cadre du Programme des subventions globales aux éditeurs.

Cet ouvrage a été publié avec le soutien de la SODEC.
Gouvernement du Québec – Programme de crédit d'impôt pour l'édition de livres – Gestion SODEC.

Dépôt légal –
Bibliothèque et Archives nationales du Québec, 2010
Bibliothèque et Archives Canada, 2010

Direction : Andrée-Anne Gratton
Graphisme : Mardigrafe
Traduction : Marie-Josée Brière
Révision : Johanne Champagne

© Bayard Canada Livres inc., 2010
4475, rue Frontenac
Montréal (Québec)
Canada H2H 2S2
Téléphone : (514) 844-2111 ou 1 866 844-2111
Télécopieur : (514) 278-0072
Courriel : edition@bayardcanada.com
Site Internet : www.bayardlivres.ca
Fiches d'activités disponibles sur www.bayardlivres.ca

Imprimé au Canada

TABLE DES MATIÈRES

QU'EST-CE QU'UN DAUPHIN?

Bien des gens pensent que les dauphins sont des poissons, mais en réalité, ce sont des mammifères marins, c'est-à-dire des mammifères qui vivent dans l'océan. Les mammifères sont des animaux **à sang chaud**, qui respirent de l'air avec des poumons. Les mères donnent naissance à des petits vivants et les nourrissent avec leur lait.

Les dauphins font partie d'un groupe (ou ordre) de mammifères marins appelés « **cétacés** ». Ce nom vient d'un mot grec qui veut dire « gros animal marin ». Les cétacés incluent les baleines, les dauphins et les marsouins. Certains cétacés, comme la baleine à bosse qu'on voit ci-dessus, sont énormes. Comparativement à cette géante, les dauphins paraissent bien petits !

L'ordre des cétacés

L'ordre des cétacés se divise en deux groupes : les mysticètes, ou cétacés à fanons, et les odontocètes, ou cétacés à dents. Les cétacés à fanons ont dans la bouche des centaines de lames osseuses bordées de poils durs. Ce sont les fanons, qui permettent de filtrer l'eau de mer, un peu comme un peigne. La baleine à bosse qu'on voit à la page 4 est un cétacé à fanons.

Les cétacés à dents

Les dauphins sont des cétacés à dents. Ils attrapent leur nourriture avec des dents plutôt qu'avec des fanons. Les cachalots, les bélugas, les narvals et les baleines à bec sont aussi des cétacés à dents, tout comme les marsouins et les dauphins d'eau douce. Contrairement à ce qu'on pourrait croire, les dauphins d'eau douce n'appartiennent pas à la même famille que les dauphins.

Le cachalot (en haut), le béluga (à gauche) et la baleine à bec (à droite) sont des cétacés à dents, mais ce ne sont pas des dauphins.

Les marsouins sont des cétacés à dents, mais ce ne sont pas des dauphins. La plupart sont plus petits et plus trapus que les dauphins. Ils ont un museau arrondi plutôt qu'un bec, et ils ont des dents en forme de pelle, alors que les dauphins ont des dents en forme de cône.

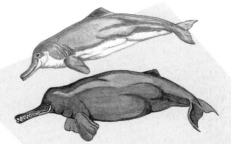

Les dauphins d'eau douce, comme les baijis (en haut) et les dauphins du Gange (en bas), sont aussi des cétacés à dents. Malgré leur nom, ce ne sont pas de vrais dauphins.

Les animaux ci-dessus sont de vrais dauphins. Pour savoir quels autres cétacés à dents appartiennent à la famille des dauphins, tu n'as qu'à tourner la page !

LA FAMILLE DES DAUPHINS

Les vrais dauphins appartiennent à la famille des delphinidés, une famille de cétacés qui regroupe de 34 à 36 **espèces**. Les gens sont parfois étonnés d'apprendre que les globicéphales, les péponocéphales, les orques pygmées, les fausses orques et les orques proprement dites appartiennent à la même famille que les dauphins. On compte six espèces de ces très grands delphinidés qu'on appelle parfois «grands dauphins». En anglais, on les appelle aussi «blackfish» (ce qui veut dire «poissons noirs»), mais ce ne sont pas des poissons du tout! Nous te les présentons ici. Le plus gros des six – et de tous les delphinidés – est l'orque.

L'orque porte aussi le nom d'« épaulard ».

À l'exception des orques (sur la photo ci-dessous), tous les très grands delphinidés ont sur le ventre une marque qui ressemble à une ancre de bateau, comme on peut le voir à gauche.

Le globicéphale noir a de longues nageoires pectorales de chaque côté de son corps, un front bombé et une nageoire dorsale très inclinée vers l'arrière.

Les orques peuvent mesurer jusqu'à 10 mètres de longueur.

Le globicéphale tropical a les nageoires plus courtes que le globicéphale noir. Il a aussi moins de dents.

L'orque pygmée se nourrit de mammifères marins, y compris de dauphins.

Les péponocéphales mangent des pieuvres et des calmars. Ils vivent dans les océans où l'eau est chaude.

Les fausses orques sont des animaux enjoués qui aiment s'approcher des navires.

En quoi sont-ils différents ?

Même si tous les dauphins se ressemblent sur bien des points, il y a des différences dans leur taille, leur forme, leur coloration et leur comportement. Regarde ceux que nous te présentons ici. Tu remarqueras de nombreuses variations dans leurs couleurs, leurs motifs, la forme de leur tête et de leur museau, et la longueur de leurs nageoires et de leur queue.

Le grand dauphin peut vivre soit en pleine mer, soit le long des côtes. Il lui arrive même de s'aventurer dans les fleuves.

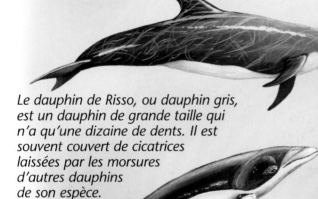

Le dauphin à bosse du Pacifique est un dauphin de grande taille qui a une bosse sous la nageoire dorsale.

Le dauphin de Risso, ou dauphin gris, est un dauphin de grande taille qui n'a qu'une dizaine de dents. Il est souvent couvert de cicatrices laissées par les morsures d'autres dauphins de son espèce.

Le dauphin de Péron n'a pas de nageoire dorsale.

Il existe des dauphins communs à long bec et à bec court. Celui qu'on voit ici est un dauphin commun à bec court.

Le dauphin à long bec est réputé pour les vrilles spectaculaires qu'il exécute quand il saute hors de l'eau.

Le dauphin tacheté de l'Atlantique n'a pas de taches à la naissance; celles-ci apparaissent avec le temps.

Le dauphin à flancs blancs du Pacifique est très sociable, même avec des dauphins d'autres espèces.

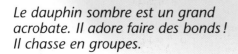

Le dauphin sombre est un grand acrobate. Il adore faire des bonds ! Il chasse en groupes.

Le tucuxi est un petit dauphin qui vit le long des côtes et dans les fleuves.

Le dauphin d'Hector est un petit dauphin très menacé ! Sa nageoire dorsale est arrondie.

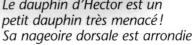

DES ANIMAUX ADAPTÉS À L'EAU

Les premiers mammifères de notre planète vivaient sur la terre ferme. Certains scientifiques pensent que les ancêtres des dauphins et des baleines étaient des mammifères à fourrure, à quatre pattes munies de sabots, qui avaient un ancêtre commun avec le bison et l'hippopotame. Ces mammifères terrestres apparentés aux cétacés ont commencé à nager et à chasser dans l'océan il y a environ 55 millions d'années. Leur corps s'est adapté lentement, de telle manière qu'ils ont fini par devoir passer tout leur temps dans l'eau.

Pendant des millions d'années, ces ancêtres ont **évolué** pour devenir des animaux comme ceux qu'on voit ci-dessous. Leurs narines se sont déplacées sur le dessus de leur tête ; elles forment maintenant ce qu'on appelle un « évent ». Graduellement, leur fourrure a disparu et a été remplacée par une épaisse couche de graisse qui les garde au chaud dans l'eau. Leurs pattes avant sont devenues des nageoires, leur cou a rapetissé et est devenu moins flexible, et leurs pattes arrière ont disparu. Leur queue s'est transformée en nageoire caudale. Il y a 10 à 12 millions d'années environ, les dauphins sont devenus des **mammifères marins** distincts.

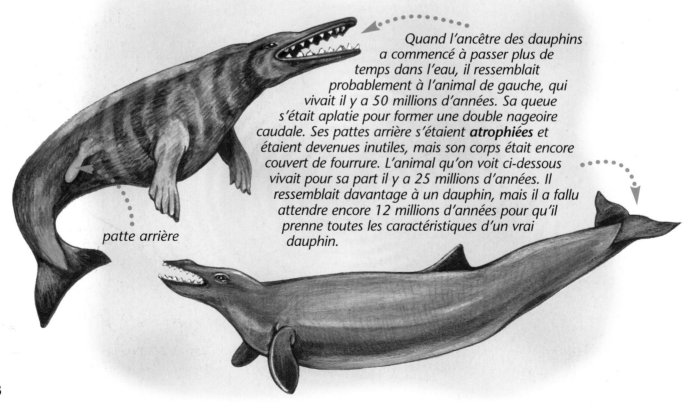

patte arrière

*Quand l'ancêtre des dauphins a commencé à passer plus de temps dans l'eau, il ressemblait probablement à l'animal de gauche, qui vivait il y a 50 millions d'années. Sa queue s'était aplatie pour former une double nageoire caudale. Ses pattes arrière s'étaient **atrophiées** et étaient devenues inutiles, mais son corps était encore couvert de fourrure. L'animal qu'on voit ci-dessous vivait pour sa part il y a 25 millions d'années. Il ressemblait davantage à un dauphin, mais il a fallu attendre encore 12 millions d'années pour qu'il prenne toutes les caractéristiques d'un vrai dauphin.*

Les dauphins ont aujourd'hui un corps lisse et fuselé, qui leur permet de glisser facilement dans l'eau.

Si tu regardais une nageoire pectorale de dauphin aux rayons X, tu pourrais voir les os de ses « doigts » à travers sa peau. Les ancêtres des dauphins avaient autrefois des mains semblables aux nôtres. Sur la photo ci-dessous, on distingue les os du dauphin sous la peau de sa nageoire.

La nageoire caudale des dauphins ne contient pas d'os. Elle est faite d'une substance grasse très résistante qui ressemble un peu à du caoutchouc.

Les dauphins sont des mammifères, comme toi et moi, mais leur corps est parfaitement adapté pour vivre et se déplacer dans l'eau. Quand un objet bouge dans l'eau, celle-ci exerce une poussée sur lui ; c'est ce qu'on appelle une « résistance » (va voir à la page 16). Quand nous nageons ou que nous plongeons, l'eau exerce une résistance contre notre nez, nos bras, nos jambes et nos oreilles parce qu'ils dépassent du reste de notre corps. Et cette résistance nous ralentit. Mais les dauphins ont une forme fuselée et une peau lisse qui leur permettent de glisser sans effort dans l'eau, sans rencontrer beaucoup de résistance. Avec leur corps long et puissant, ils peuvent nager beaucoup plus vite que nous.

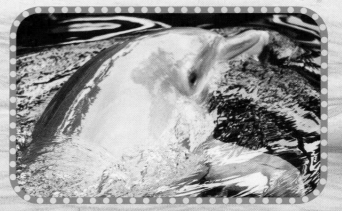

Les dauphins éliminent à toutes les deux ou trois heures une partie des cellules de la couche externe de leur peau. C'est ainsi qu'ils gardent leur peau lisse et luisante. Les humains font la même chose, mais généralement pas plus d'une fois par jour.

Comme leur peau est mince, les dauphins ont facilement des coupures, des égratignures et des coups de soleil. S'ils ne passaient pas leur temps dans l'eau, leur peau sécherait rapidement et leur corps surchaufferait.

Des muscles puissants permettent aux dauphins d'agiter leur nageoire caudale de haut en bas et de bas en haut.

Les dauphins se propulsent vers l'avant à l'aide de leur nageoire caudale.

Savais-tu que les dauphins ont un nombril ? Dans le ventre de leur mère, les bébés sont reliés à celle-ci par un cordon ombilical. Après leur naissance, la mère coupe ce cordon avec ses dents. Ce qu'il en reste sur le bébé tombe quelques jours plus tard, pour laisser seulement une petite cicatrice. C'est le nombril.

Dos noir, ventre clair

Le corps des dauphins est plus pâle dessous que dessus. Ce contraste de couleurs leur sert de **camouflage**. Pour un **prédateur** qui se trouve plus bas, le ventre blanc des dauphins se confond avec la surface de l'océan illuminée par le soleil. Mais, vu d'en haut, leur dos noir ou gris est de la même couleur que les eaux plus profondes.

La nageoire dorsale des dauphins les aide à garder leur équilibre et à évacuer la chaleur de leur corps. Elle est faite de la même substance que la nageoire caudale.

Les dauphins n'ont pas d'oreilles externes, qui les ralentiraient quand ils nagent. Leurs oreilles forment deux petits trous derrière leurs yeux.

Les dauphins respirent par un évent situé sur le dessus de leur tête.

Le bec des dauphins s'appelle un « rostre ».

Les deux nageoires pectorales des dauphins les aident à se diriger dans l'eau.

Les dauphins produisent des larmes huileuses qui protègent leurs yeux sous l'eau.

11

À L'INTÉRIEUR D'UN DAUPHIN

Comme tous les mammifères, les dauphins sont des vertébrés. Ils ont une colonne vertébrale, faite d'une série d'os tout le long de leur dos. Leur corps est soutenu par un squelette osseux, qui protège leur cœur, leur foie, leurs poumons, leurs reins, leurs intestins et leurs autres organes. L'illustration ci-dessous montre l'intérieur du corps d'un dauphin.

Certaines parties du corps des dauphins sont différentes de celles des mammifères terrestres parce que toutes les composantes internes des mammifères marins sont adaptées à la vie dans l'eau. Le squelette des dauphins, par exemple, n'a pas besoin d'être aussi solide que celui des mammifères qui vivent sur la terre ferme. Les os des mammifères terrestres doivent en effet supporter le poids de leur corps, tandis que c'est l'eau qui supporte le poids du corps des dauphins.

Le dauphin respire par des poumons, qui sont reliés à l'évent.

Le front bombé du dauphin renferme une masse de graisse appelée « melon ». C'est là que le dauphin produit des sons (va voir aux pages 22-23).

Le dauphin a sous la peau une épaisse couche de graisse qui le garde au chaud dans l'eau froide.

Le dauphin a une colonne vertébrale flexible. C'est ce qui lui permet d'agiter la queue.

Avant d'arriver à l'oreille interne, les sons sont captés par la partie inférieure du rostre.

Le dauphin a trois estomacs : un pré-estomac, un estomac glandulaire et un estomac en U.

Les os des doigts, dans les nageoires pectorales des dauphins, sont tenus ensemble par la peau.

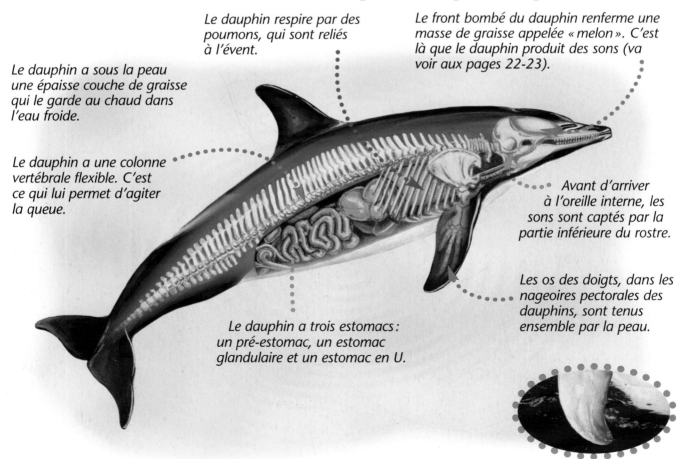

Des dents solides

Les dauphins peuvent avoir de 4 à 252 dents ; elles sont toutes identiques, en forme de cônes, ce qui est idéal pour attraper des proies glissantes. Ces dents apparaissent quelques semaines après la naissance, et les dauphins les gardent toute leur vie. Toutefois, même s'ils ont des dents, les dauphins ne mastiquent pas leur nourriture. Ils avalent leurs aliments tout rond ou les déchirent en morceaux avant de les avaler. En outre, les dauphins ne boivent pas d'eau. Ils trouvent dans leurs aliments toute l'eau dont ils ont besoin.

Tout un parcours !

Une fois avalée, la nourriture des dauphins passe par trois estomacs. Elle va d'abord dans le pré-estomac, qui sert en quelque sorte d'entrepôt. Elle passe ensuite dans l'estomac glandulaire. C'est le « vrai » estomac, qui contient les substances chimiques nécessaires à la digestion des aliments, c'est-à-dire à leur désintégration. Les aliments partiellement digérés passent ensuite dans le dernier estomac. Cet organe en forme de U se termine par un muscle puissant qui règle le passage des aliments vers le petit intestin. Puis, le petit intestin absorbe les **nutriments** contenus dans les aliments et envoie les déchets dans le grand intestin, qui les évacue hors du corps. Tu peux voir les intestins sur l'illustration de la page 12. Ce sont les organes qui ressemblent à des saucisses.

LA RESPIRATION VOLONTAIRE

Contrairement aux poissons, les dauphins ne peuvent pas respirer sous l'eau. Ils ont des poumons, comme tous les mammifères, ce qui veut dire qu'ils ont besoin de respirer de l'air.
Ils doivent donc monter à la surface de l'eau pour respirer. Quand ils atteignent la surface, ils expirent bruyamment en expulsant de grosses bouffées d'air chaud. C'est ce qu'on appelle le « souffle ». Ils projettent ainsi dans les airs un mélange brumeux d'air et de gouttelettes d'eau. Ces gouttelettes se forment quand l'air chaud provenant de leurs poumons rencontre l'air froid du dehors et les gouttes d'eau froide qui entourent leur évent. Avant de replonger, les dauphins inspirent et referment leur évent avec un muscle spécial, qu'on voit sur la photo de gauche.

Quand il sent de l'air autour de lui, le dauphin sait qu'il doit ouvrir son évent. Il peut vider et remplir ses poumons en un cinquième de seconde. L'air qu'il expulse sort de l'évent à une vitesse pouvant atteindre 35 kilomètres à l'heure.

14

Pas par la bouche

L'évent des dauphins est relié uniquement à leurs poumons, et non à leur bouche ou à leur estomac. Cette adaptation est utile pour deux raisons. D'abord, les dauphins peuvent se nourrir sous l'eau sans aspirer d'eau dans leurs poumons. Ensuite, quand ils sont à la surface, ils peuvent manger et respirer en même temps sans risquer de s'étouffer.

Un sommeil léger

Contrairement aux humains, qui n'ont pas besoin de penser à respirer, les dauphins ont une **respiration volontaire**. Cela signifie qu'ils doivent faire un effort conscient pour respirer, même pendant leur sommeil. Ils ne peuvent donc pas dormir profondément. Ils font plutôt de courtes siestes près de la surface de l'océan, en se laissant remonter lentement pour respirer. Quand ils dorment, ils ne ferment qu'un œil et gardent l'autre œil ouvert. Les scientifiques pensent qu'ils mettent une moitié de leur cerveau au repos, alors que l'autre moitié reste suffisamment éveillée pour qu'ils se rappellent de respirer. Donc, quand les dauphins sont à moitié endormis, ils sont aussi à moitié éveillés !

Moins de sommeil

Savais-tu que les humains ont besoin de beaucoup plus de sommeil que les dauphins ? Les animaux terrestres se fatiguent vite parce qu'ils doivent combattre la force de gravité pour supporter le poids de leur corps. Les dauphins n'ont pas besoin de se reposer autant parce que c'est l'eau qui supporte le poids de leur corps. Ils peuvent donc se contenter de faire de petites siestes, alors que nous devons dormir environ huit heures par nuit !

On voit que ce dauphin est endormi parce qu'il a l'œil fermé et qu'il flotte à la surface.

Les dauphins se reposent souvent en groupe, très près les uns des autres, pour se protéger des prédateurs. Ces dauphins tachetés flottent juste sous la surface de l'océan. Ils remontent périodiquement à l'air libre pour respirer.

DES CORPS EN MOUVEMENT

Les dauphins sont tellement bien adaptés à la vie dans l'eau qu'ils peuvent s'y déplacer rapidement avec un effort minime. Quand un objet se déplace dans l'eau, il se crée une résistance appelée aussi «traînée». C'est une force qui ralentit le mouvement de cet objet. Cette force résulte surtout de la **friction**, c'est-à-dire du frottement de l'eau sur l'objet et autour de lui. La forme fuselée du corps des dauphins aide à réduire cette résistance parce que l'eau peut couler sur leur corps sans rencontrer d'obstacles. De plus, les nageoires pectorales des dauphins fonctionnent comme des ailes, un peu comme celles des oiseaux et des avions, mais dans l'eau plutôt que dans l'air. En coulant au-dessus et au-dessous des nageoires, l'eau crée une portance qui empêche les dauphins de couler. Ils n'ont donc pas besoin de fournir beaucoup d'effort pour se déplacer dans l'eau.

(En haut) Les dauphins peuvent se déplacer très vite. (Ci-dessus) Au-dessus de la surface, les bébés ont beaucoup de mal à suivre leur mère. C'est pourquoi ils nagent généralement sous ses nageoires.

Comment avancent-ils ?

Les dauphins se propulsent vers l'avant par des mouvements verticaux de leur queue et de leur nageoire caudale. Le mouvement vers le haut est le «coup de poussée», alors que le mouvement vers le bas s'appelle «coup de redressement». Jusqu'à tout récemment, les scientifiques ne pensaient pas que le coup de redressement contribuait à la propulsion, mais certains croient maintenant qu'il aide lui aussi à faire avancer les dauphins.

Pendant que les dauphins agitent leur queue à la verticale, le reste de leur corps se courbe dans la direction opposée. Ils abaissent leur corps vers l'avant pendant le coup de poussée et le relèvent pendant le coup de redressement. Les dauphins ne nagent donc pas en ligne droite. Ils suivent plutôt une trajectoire ondoyante, en s'élevant et en s'abaissant en alternance. Ils montent généralement jusqu'à la surface à chaque redressement et respirent avant de redescendre.

En contractant les muscles de leur nageoire dorsale, les dauphins relèvent la queue pour le coup de poussée.

Ils contractent ensuite les muscles de leur ventre dans le but de tirer leur queue vers le bas pour le coup de redressement.

Quand ils redressent la queue, les dauphins descendent vers l'avant en suivant une trajectoire ondoyante.

Des acrobates de talent

Les dauphins peuvent nager vers le haut ou vers le bas, à l'endroit ou à l'envers. Ils plongent, sautent en hauteur et font de grands bonds hors de l'eau pour avancer plus vite (va voir la photo de la page 18). Les dauphins à long bec sont reconnus pour les vrilles spectaculaires qu'ils exécutent en sortant de l'eau. On voit bien, sur la photo ci-contre, les gouttelettes d'eau qui entourent le dauphin pendant qu'il tourne sur lui-même.

MiGRATiONS ET PLONGÉES

La plupart des dauphins ne **migrent** pas, mais ils se déplacent quand même constamment. Comment savent-ils où aller ? À la surface et dans les eaux peu profondes, ils peuvent se guider sur les points de repère du paysage, mais en profondeur, il n'y a pas de points de repère. Ils parviennent probablement à s'orienter en pleine mer grâce à leur **sensibilité géomagnétique**. Les scientifiques pensent que le cerveau des dauphins contient de minuscules cristaux d'un type d'oxyde de fer appelé « **magnétite** ». Comme une boussole, ces cristaux réagissent au **champ magnétique terrestre**. On croit que c'est ce qui permet aux dauphins de détecter ce champ magnétique et de savoir dans quelle direction ils s'en vont, mais personne ne sait vraiment comment les dauphins trouvent leur chemin.

Quand des groupes de dauphins se séparent, ils semblent savoir où se retrouver plus tard, même sans points de repère pour leur indiquer dans quelle direction ils doivent aller.

On descend !

Les dauphins sont capables de plonger à de grandes profondeurs et de retenir leur souffle jusqu'à 15 minutes parce que leur corps utilise l'oxygène plus efficacement que celui des mammifères terrestres. Comme leur cage thoracique est très flexible, ils peuvent gonfler leurs poumons pour y garder une grande quantité d'air. Ils utilisent jusqu'à 90 pour 100 de leur capacité pulmonaire, et ils peuvent entreposer de l'oxygène dans leur sang et dans leurs muscles en attendant d'en avoir besoin. En comparaison, nous utilisons seulement 10 à 15 pour 100 de notre capacité pulmonaire quand nous respirons, et nous n'entreposons pas beaucoup d'oxygène dans notre sang et nos organes. Pour conserver l'oxygène, les dauphins sont capables de suspendre le fonctionnement de tous leurs organes, sauf leur cœur et leur cerveau, et même de réduire leur rythme cardiaque !

Tout comme le reste de leur corps, les sens des dauphins sont parfaitement adaptés à la vie dans l'eau. Ces animaux ont une vue et une ouïe excellentes, et un sens du toucher extrêmement développé.

L'importance du toucher

Les dauphins se renseignent sur leur environnement par le toucher. Leur peau contient un réseau complexe de nerfs capables de sentir la chaleur, de même que le mouvement des courants océaniques. Les dauphins se servent aussi de leur sens du toucher d'une autre manière, pour consolider leurs liens avec les autres dauphins (va voir à la page 30).

Un goût sûr

Comme les humains, les dauphins ont des papilles gustatives sur la langue. Ils peuvent donc savoir si une chose est amère, sucrée, acide ou salée. C'est une autre façon de se renseigner sur leur environnement.

Et l'odorat ?

Comme l'odorat n'est pas un sens très important dans l'eau, il est peu probable que celui des dauphins soit très développé. Leur évent ne s'ouvre qu'au-dessus de la surface, ce qui veut dire qu'ils ne peuvent rien sentir sous l'eau. De plus, leur cerveau ne contient pas de récepteurs olfactifs, qui sont les cellules permettant de reconnaître les odeurs.

La vue sous l'eau et au-dessus

Les dauphins voient aussi bien sous l'eau qu'au-dessus. Les muscles puissants qui entourent leurs yeux leur permettent de bouger leurs globes oculaires dans tous les sens, de manière à voir devant eux et sur les côtés. Les dauphins peuvent même regarder en même temps dans deux directions différentes ! Ils ont non seulement des globes oculaires mobiles, mais également des pupilles qui s'étirent pour leur permettre de faire la mise au point de près comme de loin. Les dauphins peuvent aussi ouvrir leurs pupilles toutes grandes sous l'eau, pour y laisser entrer plus de lumière, et les refermer presque complètement au-dessus de la surface pour se protéger de l'éclat du soleil.

Une excellente ouïe

Même si les dauphins n'ont pas d'oreille externe, ils entendent extrêmement bien sous l'eau et au-dessus. Les sons que produisent par exemple des animaux qui s'approchent ou des gouttes de pluie qui frappent la surface de l'océan les aident à se renseigner sur leur environnement. La plupart des scientifiques pensent que les sons se transmettent par la mâchoire inférieure des dauphins jusqu'à leur oreille interne. Le conduit auditif des dauphins est isolé par des espaces remplis de mousse qui permettent de filtrer les bruits inutiles.

Tableau réalisé par Ian Coleman, www.colemangallery.com

Les dauphins recueillent de l'information sur leur environnement grâce à leur vue et à leur ouïe exceptionnelles. Les dauphins ci-dessus, par exemple, sont capables d'entendre et de sentir les poissons qui se trouvent derrière eux. Ceux qu'on voit au bas de l'image se servent d'un sens spécial sur lequel très peu d'autres animaux peuvent compter. Si tu veux savoir ce que c'est, tu n'as qu'à tourner la page !

Tableau réalisé par Ian Coleman, www.colemangallery.com

UN SENS EN PLUS

Comme certains autres cétacés à dents, tous les dauphins peuvent « voir et entendre » à l'aide d'un système spécial appelé « écholocation ». Ce système consiste à produire des sons et à interpréter leur écho pour explorer le milieu environnant ou pour localiser des objets. Les dauphins ont des dépôts de graisse, dans le melon et les mâchoires, qui leur permettent d'envoyer et de recevoir des sons. Ils produisent dans les passages nasaux situés sous leur évent des sons brefs et très aigus, appelés « clics », et se servent ensuite de leur melon pour diriger ces sons vers un objet. Ils peuvent varier la force de leurs clics en fonction du bruit ambiant et de la distance de l'objet qu'ils cherchent à localiser. Quand les clics atteignent l'objet, ils rebondissent sur lui et leur écho revient aux dauphins. L'écho capté se transmet de la mâchoire jusqu'à l'oreille moyenne, puis à l'oreille interne et enfin au cerveau. En interprétant cet écho, le cerveau construit en quelque sorte une « image du son ».

L'écholocation

Quand il veut repérer un objet par écholocation, le dauphin commence par envoyer une série de clics sonores. L'écho de ces clics l'aide à se renseigner sur son environnement. Si cet écho lui indique qu'il y a un objet devant lui, le dauphin envoie une nouvelle série de clics, plus rapide que la première. Ces clics répétés et leur écho fournissent au dauphin des détails sur la taille, la forme et l'emplacement de l'objet. Une dernière série de clics lui permet ensuite de savoir, en fonction de leur écho, où l'objet se trouve exactement. Les dauphins qu'on voit sur ces deux pages se servent de l'écholocation pour trouver de la nourriture dans le sable.

clics envoyés par le melon

écho reçu par le rostre

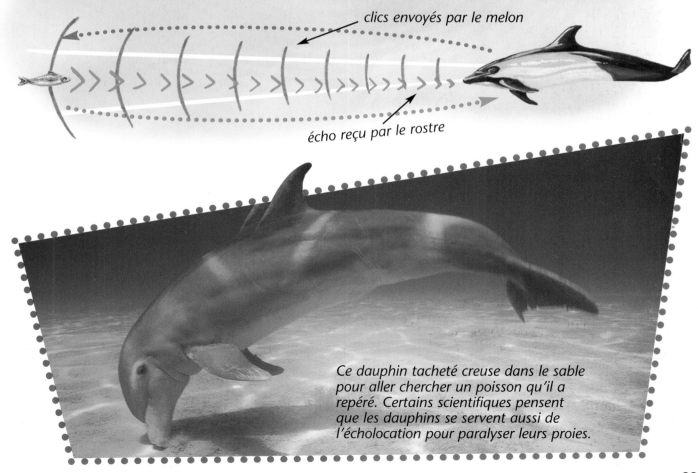

Ce dauphin tacheté creuse dans le sable pour aller chercher un poisson qu'il a repéré. Certains scientifiques pensent que les dauphins se servent aussi de l'écholocation pour paralyser leurs proies.

LA REPRODUCTION

Les dauphins mâles et femelles s'**accouplent** pour se reproduire, ou faire des bébés. Les femelles sont prêtes pour l'accouplement vers l'âge de six ans, mais elles attendent généralement beaucoup plus tard. Même si les dauphins ne peuvent avoir qu'un petit à la fois, ils ont souvent une descendance nombreuse parce qu'ils vivent longtemps. Après l'accouplement, les mâles s'en vont. Ils n'aident pas à élever les petits. La gestation dure de dix à treize mois. C'est la période pendant laquelle les petits se développent dans le corps de leur mère. Quand ils sont prêts à naître, ils sortent la queue en premier. Leur évent sort ainsi en dernier, ce qui leur évite de se noyer. Aussitôt après leur naissance, les petits doivent monter rapidement à la surface de l'eau pour respirer. Leur mère ou une autre adulte les aide à se soulever hors de l'eau pour prendre leur première respiration. Ils doivent respirer souvent parce que leurs petits poumons ne peuvent pas contenir beaucoup d'air.

Les mères sont très protectrices et gardent leurs petits à leurs côtés ou sous leurs nageoires. Ainsi, les petits peuvent téter facilement et se font traîner dans le sillage de leur mère. Même une fois grands, ils restent avec leur mère longtemps, parfois jusqu'à l'âge de six ans.

Le bébé orque qu'on voit ici est expulsé du corps de sa mère la queue la première. Cette naissance s'est déroulée dans un aquarium. Il est très rare qu'on puisse assister à la naissance d'un bébé dauphin dans la nature !

Ce petit dauphin tacheté boit du lait de sa mère tout en nageant à côté d'elle. La plupart des bébés dauphins sont allaités pendant deux ans, mais certains continuent de téter jusqu'à l'âge adulte.

Le lait maternel

Les glandes mammaires de la mère, qui produisent du lait, sont situées le long de sa poitrine. Ses mamelons sont cachés dans deux fentes près de sa queue. Les bébés se nourrissent à toutes les quinze minutes, mais seulement une quinzaine de secondes à la fois.

La mère contracte ses muscles pour faire jaillir le lait dans la bouche du bébé, de manière qu'il n'ait pas à retenir son souffle très longtemps. Ce lait contient beaucoup de gras et de protéines, ce qui aide le bébé à grossir rapidement et à se faire une épaisse couche de graisse.

Cette petite orque ressemble à sa mère, mais dans la famille des dauphins, certains bébés ont des couleurs différentes de celles de leur mère.

DES ANIMAUX INTELLIGENTS

Le corps des dauphins est très intéressant, mais ce n'est pas tout ! Ce sont des animaux très intelligents, capables de faire beaucoup de choses que les autres animaux sont incapables de faire. Les dauphins sont aussi des animaux très sociables. Ils aiment la compagnie des autres dauphins et ils entretiennent des rapports sociaux très complexes. Ils communiquent entre eux avec des sons, mais aussi par leur langage corporel, c'est-à-dire par des gestes et des expressions. Ils jouent ensemble et collaborent pour trouver de la nourriture. Ils prennent des décisions et doivent pouvoir compter sur les autres dauphins avec qui ils nagent, chassent et se reposent.

C'est bien moi ?

Un des signes d'une intelligence supérieure, c'est la capacité de se reconnaître et de savoir qui on est. Les dauphins se reconnaissent dans un miroir et savent qu'ils sont des individus distincts. Les humains et les grands singes sont les seuls autres animaux qui manifestent cette capacité. En captivité, les dauphins peuvent accomplir des tâches complexes et mémoriser de longs enchaînements de mouvements. Ils semblent aussi avoir le sens de l'humour et prennent souvent leurs entraîneurs par surprise.

Les bulles que produisent ces orques montrent qu'elles sont en train de produire des sons. Penses-tu que ces animaux parlent « orquais » ?

« Me voici ! »

Les dauphins émettent un sifflement particulier pour s'identifier auprès des membres de leur groupe. C'est leur nom, en quelque sorte, et ils annoncent leur présence en le sifflant. Quand ils veulent appeler un autre dauphin par son nom, ils imitent son sifflement à lui. Les mères sifflent constamment pour leurs petits afin de leur apprendre leur nom. Les bébés développent aussi leur propre sifflement individuel.

Parlez-vous « dauphinais » ?

Les dauphins se transmettent différentes informations, par exemple la direction ou l'emplacement d'une proie, par leur langage corporel. Ils semblent aussi avoir un langage fondé sur des sons, mais les humains n'ont pas encore réussi à le comprendre. En plus des sons que les humains peuvent entendre, les dauphins en produisent beaucoup d'autres que nous sommes incapables de percevoir parce qu'ils sont trop aigus. Les humains ne comprennent peut-être pas le langage des dauphins, mais les dauphins, eux, déchiffrent facilement certains éléments du langage humain !

Le langage gestuel

Quand des chercheurs ont eu l'idée d'enseigner le langage gestuel à des dauphins, ils se sont rendu compte que ces animaux l'apprenaient facilement et rapidement. Les dauphins ainsi entraînés n'ont pas seulement appris la signification de plus de 60 mots, mais ils ont aussi réussi à comprendre des phrases. Ils étaient capables de suivre des directives, même quand elles leur étaient données avec des mots qu'ils ne connaissaient pas, ou encore quand elles leur étaient présentées sur un écran vidéo. Pour la plupart des animaux, un écran de ce genre ne serait qu'un objet comme les autres. Mais les dauphins regardaient ce qui se passait à l'écran et comprenaient que des directives leur étaient transmises par ce moyen nouveau.

Un gros cerveau

Le cerveau des dauphins ressemble à celui des humains, mais il y a des différences importantes entre les deux. La majeure partie du cerveau des dauphins sert à interpréter les informations d'écholocation. Le grand dauphin, qu'on voit ci-dessus, est le plus intelligent de tous ; c'est aussi celui qui a le plus gros cerveau pour sa taille.

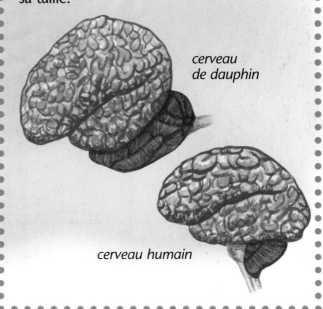

cerveau de dauphin

cerveau humain

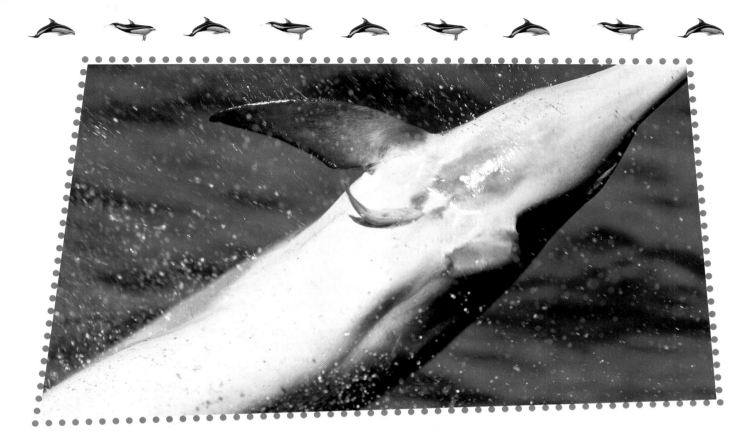

DES EAUX DANGEREUSES

On pourrait croire que les dauphins passent leur temps à s'amuser sans souci, mais en réalité, ils doivent affronter bien des dangers dans l'océan. Ils souffrent de nombreuses maladies et sont assaillis par des **parasites**. On voit ci-dessus un rémora qui s'est attaché à un dauphin à long bec et qui a abîmé la peau de sa gorge. Les rémoras sont des poissons parasites. Ils ont dans la bouche des ventouses par lesquelles ils s'accrochent à la peau des dauphins. Les scientifiques pensent que, quand les dauphins à long bec font des vrilles, c'est pour tenter de se débarrasser de ces encombrants «passagers». Les parasites ne sont cependant pas tous visibles à l'œil nu. Les plus dangereux vivent dans le corps des dauphins, en particulier dans leurs poumons et leurs intestins. Ces parasites internes affaiblissent leurs hôtes et peuvent même les tuer. Les dauphins sont aussi sujets aux pneumonies, aux troubles cardiaques et à d'autres maladies qui peuvent se répandre rapidement dans leurs populations. On dit que les dauphins forment une **espèce indicatrice** parce que leur situation reflète l'état de santé des océans. Les menaces qui les touchent risquent aussi d'affecter la santé d'autres créatures marines et d'autres animaux dans d'autres parties du monde. Si les dauphins sont en mauvaise santé, c'est un signe que toutes les créatures vivantes, y compris les humains, sont en difficulté.

Victimes de la pollution

Les dauphins souffrent de nombreuses maladies nouvelles, et les scientifiques pensent que c'est à cause de la pollution. En effet, les dauphins s'empoisonnent lentement en mangeant parce que les nombreux produits chimiques présents dans l'océan sont absorbés par les poissons dont ils se nourrissent. Leur **système immunitaire** est affaibli, et ils sont incapables de résister aux maladies. Les petits sont particulièrement menacés parce qu'ils ingèrent une dose de poison chaque fois qu'ils boivent du lait de leur mère. En effet, ce lait riche en gras contient une grande quantité de polluants chimiques, puisque ces produits s'accumulent dans le gras. Beaucoup de petits meurent donc avant l'âge d'un an. Les dauphins commencent également à être contaminés par des maladies humaines, probablement à cause des déchets humains qui s'écoulent dans l'océan avec les eaux d'égout.

Attention aux requins !

Bien des gens pensent qu'il n'y a pas de requins là où on trouve des dauphins. Pourtant, les dauphins se font attaquer très souvent par des requins ! Les grands requins, comme les requins-bouledogues, les requins-tigres et les makos, s'en prennent aux jeunes et aux malades. Les dauphins sont parfois blessés aussi par des requins beaucoup plus petits, les squalelets féroces. Ces minuscules requins, qui peuvent mesurer de 15 à 50 centimètres, sont capables de se décrocher les mâchoires pour mordre leurs victimes et leur arracher un morceau de chair parfaitement rond, comme on le voit à droite.

Les humains : amis ou ennemis ?

Chaque année, des milliers de dauphins meurent emprisonnés dans des filets de pêche. Et, à certains endroits, ils sont encore chassés pour être mangés. Ils se font aussi tuer par des embarcations à moteur, ainsi que par le bruit sous-marin causé par les sonars des navires civils et militaires. Ces sonars produisent en effet des sons similaires à ceux qu'émettent les dauphins pour s'orienter par écholocation. Le sonar actif à basse fréquence, en particulier, est un nouveau type de sonar très bruyant et dangereux pour tous les cétacés. Pendant des tests effectués avec ce sonar, on a constaté des échouages de baleines et de dauphins morts, atteints de dommages aux oreilles, aux poumons et au cerveau. Heureusement, il y a aussi beaucoup de gens qui travaillent fort pour sauver les dauphins. Tu peux aider ces animaux toi aussi en te renseignant sur ce que font ces gens.

Quelques sites Internet à consulter

fr.wikipedia.org/wiki/Dauphin
www.cetaces.org
www.wwf.ch/fr/lewwf/notremission/especes/
   dauphindeaudouce.cfm
www.earthalert.be/fr/?inc=page&pageid=dossier

DES CARACTÉRISTIQUES FASCINANTES

À fleur de peau

Les dauphins ont la peau très sensible et ils semblent aimer se faire toucher. C'est également une façon d'établir des liens entre eux. Les dauphins sont des animaux sociables, qui vivent et chassent le plus souvent en groupe. C'est par le toucher qu'ils apprennent à connaître les autres membres de leur groupe. Les mères dauphins touchent aussi leurs bébés souvent pour qu'ils se sentent en sécurité.

De légères différences

Beaucoup de bébés dauphins ressemblent à leur mère… en plus rond ! Ils ont une plus grosse tête et un corps grassouillet. Certains ont toutefois des couleurs ou des motifs différents de ceux de leur mère.

Des nageoires reconnaissables

Savais-tu qu'il est possible de reconnaître les orques d'après leurs nageoires? La plupart sont faciles à distinguer dans l'eau parce qu'elles sont très grosses, mais les orques ont aussi des nageoires de formes différentes. Les mâles, comme celui qu'on voit ci-contre, ont une nageoire dorsale droite qui peut atteindre près de 2 mètres de haut. Les femelles, comme celle qu'on voit ci-dessous, ont une nageoire recourbée, plus petite.

Combien de taches?

Comment savoir si un dauphin tacheté de l'Atlantique est un jeune ou un adulte? Il suffit de compter le nombre de taches qu'il a sur la peau. Les bébés sont très peu tachetés, mais plus ils vont vieillir, plus leurs taches seront nombreuses. C'est du moins ce qui se passe en général, puisque certains dauphins tachetés n'ont que quelques taches, même à l'âge adulte.

Des sauts en chandelle

Après un gros repas, il arrive que des dauphins sortent de l'eau et redescendent en restant toujours à la verticale. Les scientifiques pensent que ces sauts les aident à bien caler leur repas dans leur estomac. C'est ce qu'on appelle des «chandelles», probablement parce que les dauphins restent droits comme des chandelles quand ils sautent dans cette position.

GLOSSAIRE

accoupler (s') S'unir à un autre animal de la même espèce pour faire des bébés

atrophier (s') Diminuer de volume, en particulier à cause d'une utilisation insuffisante

camouflage Couleurs et motifs, sur la fourrure ou la peau d'un animal, qui lui permettent de se confondre avec son environnement

cétacés Groupe de mammifères marins qui, comme les dauphins, ont un corps presque lisse, de grandes nageoires pectorales et une queue aplatie

champ magnétique terrestre Zone à l'intérieur de laquelle s'exerce une force invisible causée par le mouvement des métaux liquides au centre de la Terre

espèce À l'intérieur d'un grand groupe d'animaux, groupe plus restreint d'individus qui ont des caractéristiques similaires et qui peuvent faire des bébés ensemble

espèce indicatrice Espèce dont la présence ou l'absence dans un environnement révèle l'état de cet environnement, par exemple un haut niveau de pollution

évoluer Se transformer progressivement sur une longue période de temps

friction Frottement de deux objets dont au moins un est en mouvement

magnétite Substance minérale qu'on trouve dans le cerveau de certains animaux et qui les aide à s'orienter

migrer Parcourir de grandes distances pour trouver de la nourriture, se reproduire ou profiter d'un climat favorable

nutriments Substances dont les organismes vivants ont besoin pour rester en santé

parasite Organisme qui vit aux dépens d'un autre

prédateur Animal qui chasse d'autres animaux pour les manger

respiration volontaire Respiration pendant laquelle un animal inspire et expire consciemment

sang chaud (à) Se dit d'un animal dont la température corporelle ne varie pas en fonction de son environnement

sensibilité géomagnétique Capacité de détecter le champ magnétique de la Terre pour s'orienter

système immunitaire Ensemble des mécanismes qui permettent au corps de lutter contre les maladies

INDEX